USAGES LOCAUX

CONSTATÉS EN 1855

DANS

LE DÉPARTEMENT DU HAUT-RHIN.

COLMAR,

Imprimerie de Ch.-M. Hoffmann, imprimeur de la préfecture.

USAGES LOCAUX

CONSTATÉS EN 1855

DANS

LE DÉPARTEMENT DU HAUT-RHIN.

COLMAR,

Imprimerie de Ch.-M. Hoffmann, imprimeur de la préfecture.

—

1856.

USAGES LOCAUX

CONSTATÉS EN 1855

DANS LE

DÉPARTEMENT DU HAUT-RHIN.

Le Gouvernement, dans sa sollicitude pour les intérêts agricoles, a fait procéder, l'année dernière, à une enquête destinée à rechercher et à constater les usages locaux qui, dans l'état actuel de la législation ont force de loi, d'après les dispositions législatives qui s'y réfèrent.

Cette enquête a été confiée à des commissions cantonales, présidées par les juges de paix et composées, chacune, du membre du Conseil général, du membre de la Chambre consultative d'agriculture, et de quelques autres personnes choisies parmi les officiers ministériels exerçant dans le canton et les cultivateurs les plus instruits.

Les travaux des commissions cantonales ont été révisés et coordonnés par les soins d'une Commission centrale, composée de MM. Pillot, président de chambre à la Cour impériale de Colmar, président; Schirmer et Dillemann, conseillers à la même Cour; Dubois, président du tribunal civil de Colmar; Moll, juge au même tribunal; Mathieu-St-Laurent, notaire; Kiener, président du tribunal de commerce de Colmar; Kugler et Fuchs, avocats à la Cour impériale; Pabst, adjoint au maire de Colmar, et Ignace Chauffour, avocat à la Cour impériale, secrétaire de la commission.

Le rapport, présenté au nom de la commission qui l'a adopté dans sa séance du 3 décembre 1855, est conçu dans les termes suivants :

RAPPORT.

Le but que s'est proposé le gouvernement, en provoquant une espèce d'enquête générale sur les usages locaux qui se sont formés sur les différents points du pays, n'a point été de faire constater toutes les anciennes coutumes, ni toutes les habitudes traditionnelles qui ont pu s'y conserver : quant aux anciennes coutumes, elles ont été expressément abolies par l'art. 7 de la loi du 30 ventôse an XII, et le Code Napoléon n'a réservé aux usages locaux que la place qu'il leur attribue par quelques dispositions spéciales.

Nous avons donc dû d'abord, pour nous conformer à la pensée du gouvernement, élaguer les détails que contiennent plusieurs procès-verbaux des commissions cantonales sur les anciennes coutumes générales d'Alsace et de Lorraine ; ces reproductions de traditions, parfaitement connues d'ailleurs, sortent du cadre restreint qui nous est prescrit : elles ont même l'inconvénient d'égarer l'attention en la dirigeant sur des matières qui sont exclusivement réglées par la loi générale et uniforme, qui depuis les premières années de ce siècle régit toute la France.

Nous avons cru devoir négliger aussi tous les détails que contiennent quelques procès-verbaux sur des faits qui, pour être consuétudinaires, n'en sont pas moins inefficaces en tant que contraires aux dispositions du Code Napoléon. Ainsi, sur différents points du département, l'on a signalé un certain mode d'exploitation des héritages en cas d'enclave, l'espèce de servitude qui pèse sur les traversants ou contre-champs, ainsi que la faculté du tour de charrue, réservée par les habitudes de certaines localités. Mais outre que la constatation de ces usages sortirait du cercle des questions posées par le gouvernement, il est à remarquer que le Code Napoléon a gardé le silence sur la puissance spéciale de l'habitude rela-

tivement à l'espèce de droits fonciers, à laquelle appartien-
draient les usages que nous venons d'indiquer. Ils constitue-
raient évidemment des servitudes; or, les servitudes, selon
leur nature, ne peuvent plus s'acquérir que par titre ou par
prescription : la possession d'un mode de desserte en cas
d'enclave, devient un droit lorsqu'elle s'est exercée pendant
trente ans; peu importe, dans ce cas, que le fonds sur lequel
se prend le passage soit un traversant ou un aboutissant : la
possession fixe le mode et l'assiette de la servitude. Quant
au tour de charrue, il aurait également tous les caractères
d'une servitude foncière, et il est évident que le Code, ne
créant à cet égard aucune réserve ni aucune exception, le
droit ne pourrait se constituer ou se faire reconnaitre par la
législation nouvelle qu'autant que son acquisition serait conforme aux principes particuliers qu'elle pose à cet égard. Ce
serait porter une atteinte grave à la liberté et à l'indépen-
dance des héritages que d'élever à la hauteur d'une règle
générale, un usage qui ne peut exister que comme un droit
privatif obtenu par l'un des moyens d'acquérir, spécifiés par
le Code.

Nous devons ajouter quelques observations sur l'ensemble
des procès-verbaux : toutes les commissions cantonales, ins-
tituées par M. le Préfet, ont en général répondu d'une manière suffisante aux questions qui leur avaient été posées,
en signalant les différents usages qui ont dû nécessairement
s'établir sur les matières déterminées par la loi elle-même;
une seule de ces commissions, celle d'Altkirch, sans même
se préoccuper de la bizarrerie de sa déclaration, affirme que
dans ce canton il n'existe aucun usage sur aucun des rapports
que le Code pourtant a abandonnés totalement ou partielle-
ment aux habitudes des populations. Il y aura à tenir compte
de cette lacune dans le tableau qui sera tracé plus loin.

Pour rendre notre travail plus court et par conséquent plus

facile à suivre, nous avons cru devoir nous assujétir à la méthode suivante :

1° Nous avons formé un chapitre particulier pour chacune des questions posées par le gouvernement.

2° Au lieu de reproduire dans chaque chapitre la nomenclature par arrondissement et par canton de toutes les localités consultées, nous avons pensé ne devoir mentionner que celles pour lesquelles un usage particulier a été constaté, la prétérition équivalant pour toutes les autres à la preuve qu'il n'existe aucun usage établi, et qu'on n'y suit que la prescription de la loi.

Ces observations générales prémises, nous allons exposer les résultats obtenus par l'enquête administrative.

CHAPITRE Ier.
Usages concernant l'étendue des droits de l'usufruitier.
(ART. 590-593 du Code Napoléon.)

ART. 1er. Si l'usufruit comprend les bois taillis, l'usufruitier est tenu d'observer l'ordre et la quotité des coupes, conformément à l'aménagement ou *à l'usage constant des propriétaires.*

Les commissions cantonales n'avaient à constater que *l'usage constant des propriétaires;* plusieurs, au contraire, ne se sont occupées que de l'aménagement.

Il n'y a d'usage établi positivement que pour les cantons de :

1° KAYSERSBERG (A (1) Colmar), où l'usufruitier a le droit de couper le taillis de châtaigniers à 15 ans, et le taillis de chêne à 30 ans.

2° LANDSER (A. Altkirch), où l'usufruitier a le droit de couper le taillis à 7 ans, et profite de l'élagage des arbres plus âgés.

____
(1) A. abréviation pour arrondissement.

Art. 2. Les arbres qu'on peut tirer d'une pépinière sans la dégrader, ne font aussi partie de l'usufruit qu'à la charge par l'usufruitier de se conformer *aux usages des lieux pour le remplacement.*

Usages constatés :

1° COLMAR. L'usufruitier doit remplacer annuellement, dans l'arrière-saison, les arbres extraits par un nombre égal de jeunes plants de même essence.

2° SOULTZ. (A. Colmar.) L'usufruitier doit remplacer les arbres de haute tige, tous les six ans : les espaliers, pyramides et arbres nains, tous les trois ans.

3° MULHOUSE. (A. Altkirch.) L'usufruitier doit remplacer les arbres enlevés par de nouveaux plants ou de nouveaux semis.

Art. 3. L'usufruitier peut prendre dans les bois des échalas pour les vignes..., le tout suivant *l'usage du pays* ou la coutume des propriétaires.

Usages constatés :

COLMAR. L'usage admet 25 échalas par an, par surface de 5 ares 20 centiares.

SOULTZ. L'usage admet 50 échalas par an, pour 6 ares.

KAYSERSBERG. L'usufruitier ne peut prendre d'échalas pour les vignes.

ROUFFACH. L'usage admet 25 échalas par an et par 4 ares.

Art. 4. L'usufruitier peut aussi prendre sur les arbres des produits annuels ou périodiques, le tout suivant *l'usage du pays* ou la coutume des propriétaires.

Usages constatés :

COLMAR. L'usufruitier a droit à la récolte annuelle des osiers, et tous les quatre ans, à l'ébranchement des saules et des peupliers.

Soultz. L'usufruitier a droit aux branches des saules, aulnes, bouleaux et autres bois blancs ; il a aussi le droit de faire le nettoiement de la forêt grevée ; mais les chablis de futaie ne lui appartiennent pas.

Guebwiller. A Bergholtz, l'usage interdit à l'usufruitier de s'approprier les arbres fruitiers morts.

CHAPITRE II.

Usages concernant les eaux et le curage des rivières.

(Art. 644, 645, C. Nap.; Loi du 14 floréal an XI.)

Art. 1er. S'il s'élève une contestation entre les propriétaires auxquels les eaux peuvent être utiles..., les réglements particuliers *et locaux* doivent être observés.

Usages constatés :

Sainte-Marie-aux-mines. L'irrigation ne peut distraire les eaux de la Lièpvre que du samedi soir au lundi, 4 heures du matin.

Cet usage ancien est confirmé par un réglement administratif.

Lapoutroye. Il n'y a pas d'usage particulier ; la jouissance des eaux en cas de difficulté est réglée par convention ou par la justice.

Guebwiller. Les héritages bordés de cours d'eau dans la banlieue de Guebwiller, ne peuvent se procurer l'irrigation que du samedi soir, à 6 heures, au lundi matin à 6 heures, de chaque semaine.

Munster. Sauf les réglements de l'intendant d'Alsace sur la Fecht et le Logelbach, l'irrigation s'exerce arbitrairement dans toute la vallée.

L'eau y appartient au premier occupant ; il en résulte qu'un riverain supérieur absorbe souvent, au grand préjudice des héritages inférieurs, un volume d'eau beaucoup plus considérable que celui dont il aurait besoin. Pour obvier à cet inconvénient, la commune de Luttenbach a, du consentement de tous les propriétaires intéressés, institué un préposé, qui a pour mission de procéder à la distribution des eaux selon les besoins des héritages bordiers.

RIBEAUVILLÉ. L'usage permet à tous les propriétaires de prairies, même à ceux dont les héritages ne sont pas bordiers, de profiter des eaux qui peuvent être facilement conduites sur leurs fonds.

WINTZENHEIM. L'usage autorise l'emploi des barrages mobiles pour élever l'eau de la rivière à la hauteur des héritages arrosables.

ENSISHEIM. Les propriétaires des prairies de cette commune et de Pulversheim ont la disposition d'un fossé d'irrigation dérivé de la Thur ; l'arrosement se pratique le samedi de chaque semaine, depuis 4 heures de relevée jusqu'au dimanche suivant à la même heure.

MULHOUSE. (A. Altkirch). L'irrigation se pratique sur l'Ill et sur la Doller, conformément au droit commun.

Sur les différents canaux qui existent dans le canton, elle est soumise à des réglements.

Sur le Dollerbæchlein notamment, un arrêt du Conseil souverain d'Alsace limite l'irrigation au samedi de chaque semaine.

A Pfastatt, il existe deux fossés, s'appelant l'un le Hauptgraben, l'autre le Muhlbæchlein ; les riverains du premier peuvent irriguer en tout temps ; les héritages bordiers du second ne peuvent en distraire l'eau pour l'arrosement que du samedi soir, à 7 heures, jusqu'au lendemain à la même heure.

Ferrette. (A. Altkirch.) Dans plusieurs communes de ce canton, la distribution des eaux d'irrigation sur les fonds qui y ont droit, est opérée par un préposé spécial, salarié par les propriétaires.

Cernay. (A. Belfort.) Les prises d'eau sur la Thur et la Doller sont limitées par des réglements.

Il y a dans le canton des fossés d'irrigation dérivés de la Doller : les propriétaires des héritages desservis par un fossé, sont assujétis entre eux à un usage quotidien alterné.

Delle. L'arrosement n'est pas exercé arbitrairement par chaque riverain ; la distribution des eaux s'opère par un préposé nommé par les propriétaires, après adjudication.

Dans toutes les autres communes du département, pour l'usage des eaux courantes, on s'en réfère aux règles tracées par l'art. 644, sauf les modifications qu'a pu imposer l'autorité administrative par des réglements particuliers.

Art. 2. Il sera pourvu au curage des rivières et canaux navigables, et à l'entretien des digues et des ouvrages d'art qui y correspondent de la manière prescrite par les anciens réglements, ou d'après les usages locaux. Loi du 14 floréal an XI.

Usages constatés :

Malgré l'importance réelle de cet article, la majeure partie des procès-verbaux ne contient que des constatations insuffisantes ; en effet, on se borne à y indiquer ou que le mode de curage est réglé par des actes qu'on ne cite point, ou que cette opération se fait par les intéressés, chacun en droit soi, sans même, pour ce cas, spécifier les époques auxquelles elle se renouvelle.

Il n'y a de réponse directe que de la part des commissions cantonales suivantes :

RIBEAUVILLÉ. (A. Colmar.) Le lit du Strengbach, autour de la ville et en aval, est curé par les propriétaires bordiers, sur une largeur de 5 mètres 33 centimètres (16 pieds).

Il n'y a rien de déterminé pour les époques auxquelles ce curage doit s'opérer.

Les matières jectisses provenant du curage, appartiennent aux riverains.

A Saint-Hippolyte, le curage est réglé par une délibération du conseil municipal, approuvée le 30 mars 1847.

GUEBWILLER. Dans la banlieue de cette ville, le curage des canaux est à la charge des usiniers, chacun devant l'opérer depuis son usine jusqu'à la plus voisine en aval.

ENSISHEIM. Le curage du Quatelbach est à la charge des usiniers, ainsi que celui du canal des Onze-Moulins, et du canal du Rhône-au-Rhin.

Les canaux d'irrigation, notamment celui de Pulversheim, sont curés par les propriétaires intéressés.

Tous les travaux de curage doivent être terminés avant la Saint-George (23 avril).

Les terres jectisses appartiennent aux propriétaires sur les fonds desquels elles sont déposées.

MULHOUSE. (A. Altkirch.) La Doller est curée par les propriétaires riverains. L'Ill, par les riverains et les usiniers. Le canal du Rhône-au-Rhin, par les usiniers et l'administration.

Le Dollerbæchlein, par les usiniers et les riverains. Le curage des canaux intérieurs est réglé, soit par l'administration, soit par des décisions judiciaires.

Thann. (A. Belfort.) Le curage des rivières propres à l'irrigation se fait par les riverains à frais communs.

CHAPITRE III.

Distances à observer pour les plantations.

(Art. 671 du C. Nap.)

Art. 1er. Distance à observer pour les arbres de haute tige.

Usages constatés :

Ribeauvillé. (A. Colmar.) A Roderen, le noyer ne se plante qu'à 3 mètres de l'héritage voisin.

A Bergheim, le prunier et le pêcher se plantent à 1 mètre.

A Ribeauvillé, dans les jardins clos de murs, on plante à 1 mètre les arbres demi-vents.

Dans tout le canton, hormis à Bergheim, les saules de haute tige se plantent dans les prairies, à 50 centimètres.

Kaysersberg. (A. Colmar.) A Bennwihr, l'usage interdit de planter des noyers dans les vignes, à quelque distance que ce soit.

Les poiriers et les pommiers, dans la même banlieue, ne peuvent être plantés qu'à 2 mètres 66 centimètres de la limite. Les cerisiers et autres arbres à haute tige à noyaux, doivent être plantés à 4 mètres 33 centimètres.

Guebwiller. A Bergholtz-zell, les saules se plantent à une distance de 25 à 30 centimètres.

Wintzenheim. L'usage n'assujettit à aucune distance les vergers et les forêts.

Ensisheim. Sur les prairies, l'usage permet de planter les saules et les aulnes de haute tige le long des fossés d'irrigation ou de dérivation, lorsque ces fossés ont une largeur de plus d'un mètre.

Soultz. Sur les prairies, les saules se plantent à 17 centimètres de la limite, les aulnes et autres arbres de haute tige à 19 décimètres. Sur les champs, la distance à observer, pour tous les arbres de haute tige, est de 19 décimètres.

Mulhouse. (A. Altkirch.) L'usage admet comme arbres de haute tige les noyers, cerisiers, pruniers, poiriers et pommiers.

Landser. A Flaxlanden et à Bruebach, les arbres à haute tige ne peuvent être plantés qu'à 2 mètres de l'héritage voisin, hormis dans les vergers et dans les prés.

A Diettwiller, dans les champs, l'arbre de haute tige ne peut être planté qu'à 3 mètres ; dans les prés, aucune distance n'est à observer.

A Kappelen, l'arbre doit être à une distance de 3 mètres des aboutissants, et à 2 mètres seulement des propriétés latérales.

A Niedersteinbrunn, à Schlierbach et Obersteinbrunn, la distance à respecter est de 3 mètres, hormis pour les vergers qui en sont affranchis.

Habsheim. Les saules, aulnes, peupliers et autres bois blancs se plantent sur les bords des ruisseaux ou canaux formant la limite des propriétés, sans qu'aucune distance soit à observer.

Art. 2. Distance à observer pour les autres arbres et les haies vives.

Colmar. La vigne se plante à 50 centimètres.

Soultz. Les saules nains, toute espèce d'arbres nains et les haies vives se plantent à 48 centimètres, ainsi que la treille ou les pieds de vigne.

Dans le vignoble, chacun des fonds contigus doit laisser en-dehors de sa plantation 17 centimètres, ce qui donne sur la limite un espace libre de 34 centimètres.

RIBEAUVILLÉ. Celui qui a la propriété ou le mitoyenneté d'un mur, peut y appliquer des espaliers sans observer de distance. Lorsque la clôture est en planches ou en lattes, l'espalier ne peut être planté qu'à 50 centimètres de la limite.

A Ribeauvillé, la vigne se plante à 33 centimètres ; dans le reste du canton, à 50 centimètres.

GUEBWILLER. A Bühl, les arbres qui ne sont pas de haute tige ne peuvent se planter qu'à une distance d'un mètre.

MULHOUSE. (A. Altkirch.) A Zillisheim, la vigne se plante à 45 centimètres, à Niedermorschwiller à 30 centimètres.

A Niedermorschwiller, aucune distance n'est à observer pour la plantation d'une haie vive.

CERNAY. (A. Belfort.) Le saule nain n'est assujetti à aucune distance, non plus que la vigne.

La haie vive ainsi que la clôture en mur ou en palissades doit être établie à 50 centimètres du fonds voisin : cette distance s'appelle *Radlauf* ; le voisin, de son côté, lorsqu'il veut se clore de la même manière, doit aussi délaisser la largeur du *Radlauf*.

DELLE. La distance consuétudinaire pour les arbres de basse tige et la haie vive, est celle du genou-pied équivalant à 50 centimètres ; elle se mesure à partir du *toc* ou tronc principal.

Pour les forêts, aucune distance n'est à observer.

THANN. Les vignes et les saules se plantent à 16 centimètres.

Art. 3. Usages concernant le droit aux fruits des plantations faites à une distance moindre que celle fixée par la loi.

Colmar.
Ste.-Marie-aux-Mines.
Wintzenheim.
Le propriétaire du fonds sur lequel avancent les branches de l'arbre du voisin, a droit à la totalité des fruits pendant à ces branches.

Soultz. A Bollwiller, Feldkirch, Rædersheim, Ungersheim, on suit le même usage.

A Soultz, Issenheim, Bernwiller, il n'a droit qu'à la moitié de ces fruits.

A Merxheim, il n'y a aucun droit quelconque.

Neuf-Brisach. Le propriétaire du fonds sur lequel avancent les branches, a droit à la totalité de leurs fruits.

Munster. Les fruits se partagent avec le propriétaire de l'arbre.

Guebwiller. Même usage à Rimbach-zell.

Ensisheim. La totalité des fruits des branches qui avancent appartient, à titre d'indemnité, au fonds ombragé.

Huningue. (A. Altkirch.) Même usage.

Massevaux. (A. Belfort.) Les fruits se partagent entre le propriétaire de l'arbre et celui du fonds sur lequel les branches avancent.

CHAPITRE IV.

Hauteur des clôtures.

(Art. 663 du C. Nap.)

Tout mur de séparation entre voisins doit avoir la hauteur fixée par les anciens réglements ou par les usages constants et reconnus.

Usages constatés :

Colmar. Le mur doit avoir 2 mètres jusqu'au chaperon, et le chaperon 25 centimètres.

Soultz. 19 décimètres y compris le chaperon.

Ribeauvillé. A Saint-Hippolyte, la hauteur est de 2 mètres.

Thann. (A. Belfort.) La hauteur varie de 1 mètre à 2 mètres 66 centimètres.

Saint-Amarin. Elle est d'un mètre 66 centimètres.

Mulhouse. (A. Altkirch.) On suit la règle tracée par la loi ; mais l'usage y ajoute l'obligation pour celui qui construit le mur de lui donner une épaisseur de 35 centimètres, et une profondeur de fondation de 65 centimètres.

CHAPITRE V.

Distances à observer pour certaines constructions.

(Art. 674 du C. Nap.)

Est obligé à laisser la distance prescrite par les réglements *ou usages particuliers*, ou à faire les ouvrages prescrits par les mêmes réglements *et usages*, pour éviter de nuire au voisin :

Art. 1er. Celui qui fait creuser un puits, ou une fosse d'aisance près d'un mur mitoyen ou non.

Colmar. L'usage impose une distance de 50 centimètres ou un contre-mur de 40 centimètres.

Ribeauvillé. Les fosses d'aisance et à fumier ne peuvent être établies qu'à une distance de 2 mètres, au moins, du fonds voisin, à moins d'un contre-mur de 50 centimètres d'épaisseur.

Munster. L'usage ne prescrit aucun ouvrage, mais seulement une distance de 30 centimètres.

LAPOUTROYE. L'usage serait qu'une fosse d'aisance ne puisse être établie qu'à une distance assez grande pour que le voisin ne puisse être incommodé ni par l'odeur, ni par l'infiltration.

GUEBWILLER. A Bergholtz, l'usage exige un contre-mur.

BELFORT. On suit les prescriptions de la coutume de Paris (art. 191 et 217).

MULHOUSE. Pour les puits, l'usage ne prescrit aucune distance. L'ouverture des fosses d'aisance et à fumier, des cloaques et égouts, est réglée par des arrêtés administratifs du 28 juin 1851, et du 31 juillet 1854. Pour les cas non prévus, on suit la coutume de Paris.

ART. 2. Y adosse une étable :

COLMAR. L'usage impose un contre-mur de 40 centimètres ou un intervalle de 50 centimètres.

WINTZENHEIM. L'usage exige un contre-mur.

SOULTZ. Les étables et écuries doivent être munies, du côté du voisin, d'un contre-mur d'un mètre de hauteur et de 33 centimètres d'épaisseur.

RIBEAUVILLÉ. L'usage ne prescrit ni ouvrage ni distance.

BELFORT. On suit la coutume de Paris (art. 188) : par conséquent l'on exige un contre-mur de 33 centimètres d'épaisseur sur toute la longueur de l'étable jusqu'à la hauteur des mangeoires, si l'étable n'est pas pavée sur forme de chaux et ciment, et de 27 centimètres seulement si l'étable est pavée. Ce mur doit avoir un mètre de profondeur de fondation dans le premier cas, et 33 centimètres seulement dans le second.

GIROMAGNY. L'usage exige une distance de 33 centim.

MULHOUSE. On y suit, comme à Belfort, les prescriptions de l'art. 188 de la coutume de Paris.

Art. 3. Y construit cheminée ou âtre :

Tous les procès-verbaux, sauf celui de Mulhouse, sont muets sur ce point.

A Mulhouse, on se conforme à l'art. 189 de la coutume de Paris, qui exige un contre-mur de 16 centimètres, qui doit s'élever, en s'amincissant progressivement jusqu'au manteau de la cheminée ; ce contre-mur sur les âtres peut être remplacé par une plaque de fer, entre laquelle et le mur doit être ménagé un intervalle de 27 à 54 millimètres.

Art 4. Une forge, un four ou fourneau :

COLMAR. L'usage y admet invariablement la règle de la distance de 50 centimètres, ou du contre-mur de 40 centimètres.

RIBEAUVILLÉ. On exige pour les forges, les foyers et les cheminées un mur à feu en briques de 15 centimètres.

BELFORT. L'usage impose le *tour du chat*, tel qu'il est établi par l'art. 190 de la coutume de Paris. Le foyer doit être muni d'un mur de 33 centimètres d'épaisseur, entre lequel et le mur de l'héritage voisin doit être réservé un intervalle de 16 centimètres (tour du chat) ; cet intervalle doit être ouvert par les extrémités et par le haut, afin que l'air y circule librement et diminue l'intensité de la chaleur près du mur.

Cet usage a été constaté par un arrêt assez récent de la Cour du ressort.

GIROMAGNY. L'usage impose une distance de 33 cent[es].

MULHOUSE. On y suit, comme à Belfort, les prescriptions de la coutume de Paris. Un arrêté préfectoral, en date du 10 septembre 1850, prescrit même l'isolement absolu des tuyaux de forges, fours et fourneaux.

Art. 5. Ou établit contre ce mur un magasin de sel ou amas de matière corrosive.

A Belfort et à Mulhouse, on observe encore pour cette prescription les règles tracées par la coutume de Paris (art. 194), qui exigent l'établissement d'un contre-mur de 33 centimètres d'épaisseur, et qui ait toute la hauteur et toute la largeur de l'adossement. Ce mur doit avoir en outre une profondeur de fondation de 66 centimètres.

CHAPITRE VI.

Usages concernant le louage d'immeubles.

(Art. 1736, 1738, 1753, 1758, 1759 du Code Nap.)

Art. 1er. Si le bail a été fait sans écrit, l'une des parties ne pourra donner congé à l'autre qu'en observant les délais fixés par *l'usage des lieux.*

§ 1er. Époques établies par les usages pour le commencement et la fin des baux à loyer.

Colmar. Pour les baux stipulant un loyer de 150 fr. et au-dessus, la Saint-Jean (24 juin) et Noël (le 24 au lieu du 25 décembre).

Pour les baux à loyers inférieurs, le 25 mars (Annonciation), la Saint-Jean, (24 juin); la Saint-Michel, (le 24 au lieu du 29 septembre); et Noël, (24 décembre).

Rouffach.
Soultz.
Ribeauvillé. { L'année se divise également en quatre *quartiers*, correspondant aux quatre termes ci-dessus indiqués.

Munster. L'usage ignore la division de l'année en quartiers fixes.

Sainte-Marie. Les époques consuétudinaires sont la Purification (2 février), la Saint-George (23 avril), la Sainte-Madeleine (22 juillet), la Saint-Martin (11 novembre).

Lapoutroye. On fait courir le commencement des baux du 23 avril.

§ 2. Délais des congés pour les baux à loyers.

Colmar. Pour les baux à loyers au-dessus de 150 fr., le délai de congé réciproque est de 180 jours ou 6 mois.

Pour les baux à loyers inférieurs, 3 mois ou 90 jours.

Pour les chambres garnies, 15 jours.

Les officiers ne sont tenus à aucun délai de dénonciation, lorsqu'ils quittent leurs chambres garnies, par suite de changement de garnison.

Sainte-Marie-aux-Mines. 1° Dénonciation réciproque d'un mois pour les baux de 100 fr. et au-dessous.

2° De 3 mois pour les baux à loyers de 100 à 200 fr.

3° De 6 mois pour les baux de 200 fr. et au-dessus.

Les chambres garnies louées au mois, peuvent être évacuées après un simple congé de 15 jours.

Le mois se compte de jour à jour.

Wintzenheim. Dénonciation de 3 mois.

Neuf-Brisach. Dénonciation d'un mois dans les communes rurales ; de 3 mois en ville ; 15 jours pour les chambres garnies.

Munster. Dénonciation d'un mois, lorsque le logement est loué au mois ; de 3 mois, s'il est loué à l'année.

Lapoutroye. Dénonciation de 3 mois pour le bail à l'année ; pour les baux de moindre durée, le délai de congé doit être aussi long que la durée de la moitié du bail, sans que ce délai puisse excéder 3 mois.

KAYSERSBERG. Dénonciation d'un mois, pour logements d'ouvriers.

De 3 mois, pour logements de maître.

D'un an, pour le bail d'une maison et d'un jardin réunis.

RIBEAUVILLÉ. Dénonciation générale de 3 mois.

A Hunawihr, les ouvriers de fabrique peuvent dénoncer à 1 mois.

SOULTZ. Dénonciation d'un mois, pour le bail au mois; de 3 mois, pour le bail au trimestre, au semestre ou à l'année.

GUEBWILLER. Ville, mêmes délais.

A Bergholtz, délai uniforme de congé, 1 mois.

A Bergholtz-zell, Bühl et Orschwihr, ce délai est uniformément de 3 mois.

ANDOLSHEIM. Le délai est également de 3 mois, quelle que soit la durée du bail.

ENSISHEIM. Le délai est de 3 mois, pour les locations à l'année; d'un mois, pour toutes les locations d'une durée inférieure.

ROUFFACH. Pour toutes les locations, délai uniforme de 3 mois.

BELFORT. Le délai est de 6 mois, lorsque la location a pour objet une maison entière, une boutique, un magasin ou un appartement complet.

De 3 mois, pour un appartement dont le loyer est inférieur à 400 fr.

De 1 mois, pour une chambre avec dépendance, telle que cave ou grenier.

De 15 jours, pour une chambre seule, ou garnie.

Les fonctionnaires, en cas de changement de destination, ne doivent de loyer que pour la quinzaine courante.

CERNAY. Pour les logements d'ouvriers, le délai est d'un mois; pour tous les autres de 3 mois.

DELLE. Les baux à l'année de logements entiers, sont assujettis à une dénonciation de 3 mois.

Toutes les autres locations, à un congé d'un mois.

MASSEVAUX. Les baux de 6 mois ou au-dessus, se dénoncent par un congé de 3 mois; ceux d'un mois ou de 3 mois, par un congé d'un mois.

SAINT-AMARIN. Dénonciation d'un mois, pour les baux au mois, et de 3 mois, pour les baux à l'année.

THANN. Pour les appartements meublés, congé d'un mois; pour toutes autres locations, le délai de dénonciation est conforme aux époques de paiement du loyer.

MULHOUSE. (A. Altkirch.) Dénonciation de 6 mois, pour tout logement dont le loyer dépasse 900 fr., ou pour toute auberge, magasin ou hôtel dont le loyer dépasse 300 fr.

Dénonciation de 3 mois avant l'expiration de chaque semestre, pour les baux d'appartements de plus de 300 fr.

Dénonciation d'un mois avant l'expiration de chaque terme de deux mois, comptés à partir du jour de la jouissance commencée, de tout appartement loué à 300 fr. et au-dessous.

HUNINGUE. Le délai général de dénonciation est de 3 mois; pour les chambres garnies il n'est que

d'un mois; les militaires peuvent dénoncer vala-
blement à 15 jours, en tous temps et même lorsqu'ils ne changent pas de garnison.

HABSHEIM. Le congé est de 3 mois, pour les baux qui
ont pour objet des maisons entières; d'un mois
pour les appartements moindres.

FERRETTE. Même usage.

LANDSER. La dénonciation est de 3 mois.

HIRSINGEN. De même.

§. 3. Délais de congé pour les baux des biens ruraux.

Ils sont généralement les mêmes que pour les
baux à loyers : seulement dans le canton de Delle,
aucun congé n'est exigé pour les locations des
étangs et carrières qui cessent à délai fixe, à l'expiration de l'année.

A Belfort, le délai de dénonciation pour la location d'un jardin, est de 3 mois.

ART. 2. Le bail d'un appartement meublé est censé fait à
l'année, quand il a été fait à tant par an; au mois,
quand il a été fait à tant par mois; au jour, s'il a été
fait à tant par jour. Si rien ne constate que le bail soit
fait à tant par an, par mois et par jour, la location est
censée faite suivant l'usage des lieux (art. 1758).

Mode du paiement fixé par l'usage.

COLMAR. Les loyers de 150 fr. et au-dessus, se paient
par semestre, à la St.-Jean et à Noël. Les loyers
inférieurs, par trimestre, aux quatre quartiers
ci-dessus indiqués.

SAINTE-MARIE. Les loyers de 100 fr. et au-dessous se
paient par mois.

Les loyers de 100 à 200 francs, par trimestre,
ceux au-dessus de 200 fr., par semestre.

RIBEAUVILLÉ. A Bergheim, St.-Hippolyte, Roderen et Rorschwihr, les loyers se paient par semestre, à la St.-Jean et à Noël.

A Ribeauvillé, Hunawihr, Guémar, Illhæuseren et Thannenkirch, ils se paient par trimestre.

A Ribeauvillé, Bergheim et Hunawihr, le locataire, ouvrier de fabrique, doit payer par mois. Deux termes de loyers en souffrance autorisent l'expulsion.

MUNSTER. Les loyers des baux à l'année se paient par trimestre, ceux des baux au mois, par mois.

BELFORT. Les loyers des maisons et appartements complets, se paient par semestre, ainsi que les loyers des baux qui comprennent maison et jardin; les loyers et autres baux se paient par trimestre et par mois.

MULHOUSE. Le loyer excédant 900 fr., se paie par semestre, ainsi que tout loyer de plus de 500 fr. dû pour une boutique, une auberge, ou un magasin sur rue.

Le loyer de 500 à 900 fr., pour toute autre maison, se paie par trimestre.

Les loyers au-dessous de 500 fr., par mois.

ART. 3. Délais imposés pour le déménagement par certains usages locaux, en cas d'expiration du bail ou de congé notifié.

COLMAR. Le locataire doit opérer son déménagement dès le lendemain avant midi.

SAINTE-MARIE. De même.

BELFORT. L'usage accorde une tolérance de 8 jours pour le déménagement, lorsque le bail a eu pour objet une maison ou un appartement complet.

Art. 4. Réparations locatives à la charge du locataire sortant (art. 1754).

Observation générale.

Dans presque tous les procès-verbaux on indique, sans développement, l'obligation pour le preneur de rendre les lieux comme il les a reçus, mais bien entendu, sans qu'il ait à tenir compte de l'état dans lequel les ont mis le temps, et l'usage sans abus. Quelques procès-verbaux donnent des détails qu'il importe de reproduire.

COLMAR. Le propriétaire ne peut exiger le remplacement des peintures à l'huile et des papiers tapisseries qu'autant qu'ils ont été abusivement dégradés par le locataire.

SOULTZ. Le locataire n'est astreint :

1° Qu'au recrépiment et au blanchiment des murailles;

2° Et à la réparation des vitres, autres que celles qui ont été brisées par la grêle ou autre force majeure.

RIBEAUVILLÉ. Le recrépiment à la hauteur d'un mètre n'est obligatoire qu'au cas de dégradation.

A Bergheim, Roderen et Rorschwihr, le locataire doit blanchir l'appartement à la fin du bail.

MUNSTER. Le locataire doit recrépir et blanchir le logement, et restaurer le plancher de l'étable.

LAPOUTROYE. Les réparations locatives ne doivent pas dépasser 5 fr.

GUEBVILLER. En ville, le locataire doit recrépir le bas des murs, et blanchir les appartements.

BELFORT. On s'astreint au Code; mais le locataire doit en sus :

1° Dans les maisons, blanchir les plafonds et faire ramoner les cheminées.

2° Dans les écuries, réparer les trous faits à la maçonnerie des mangeoires, les dégradations du devant des mangeoires quand elles ont été rongées, les rateliers, piliers et barres servant à séparer les chevaux.

3° Dans les cuisines, blanchir les murs et plafonds, sceller les réchauds, remplacer les grilles manquantes, et réparer les pierres à laver la vaisselle.

4° Dans les fours, réparer l'aire et la voûte : en outre remplacer les poulies des puits et citernes.

MULHOUSE. Réparations imposées au locataire sortant :

1° Nettoiement et ramonage des cheminées ;

2° Lavage des vitres et planchers ;

3° Blanchiment des plafonds et murailles ;

4° Rétablissement des carreaux des chambres et des cuisines ;

5° Rétablissement des poulies, cordes, seaux de puits et des balanciers de pompes.

ART. 5. Durée consuétudinaire des baux d'immeubles ruraux (art. 1736 et 1774 du C. Nap.).

COLMAR. Les champs ont un assolement de 3 ans : par conséquent, les baux sans écrit ont cette durée.

RIBEAUVILLÉ. L'assolement triennal n'est adopté qu'à Guémar, Illhæuseren, Hunawihr ; dans le reste du canton il n'y a pas d'assolement réglé.

LAPOUTROYE. Le bail à ferme dure 3 ans ; le congé doit être donné avant la St.-Michel (29 septembre).

BELFORT. La durée des baux de biens ruraux, faits sans écrit, est de

3 ans pour les champs ;

D'un an pour les prés, chenevières ou jardins.

A l'expiration de ces époques, le bail cesse de plein droit.

Cernay. La durée est de 3 ans.

Delle. La durée pour les champs est de 3, 6 ou 9 ans.

Pour les prés, d'un an : le bail finit après la récolte des regains sans reconduction.

Massevaux. Les baux des terres légères ou sablonneuses qui s'ensemencent tous les ans, durent 2 ans.

Ceux des terres argileuses, 3.

Saint-Amarin. Le bail verbal d'un pré dure 1 an et finit à époque fixe, au 11 novembre. Le bail verbal d'un champ dure 3 ans.

Mulhouse. (A. Altkirch.) On ne pratique plus guère dans la contrée la culture par assolement ; il n'y a dès-lors pas d'usage établi pour la durée des baux non écrits.

Ferrette. Le bail verbal d'un champ est censé durer 3 ans ; celui d'un pré, 1 an.

Art. 6. Modes et époques de paiement usitées pour les baux de biens ruraux.

Le canon, en général, ne se paie que par année, et à une époque postérieure à la récolte propre à l'espèce des biens loués. En général, on adopte dans le département, comme époques normales, la St.-Martin (11 novembre), ou Noël (25 décembre).

Dans le canton de Delle, toutefois, le canon rural se paie à la Saint-Martin (11 novembre) et à la Saint-George (23 avril).

Art. 7. Obligations des fermiers entrants et sortants.

Les commissions de plusieurs cantons ont constaté l'inexistence de fermes dans le rayon soumis à leurs observations : cette question est donc restée sans réponse dans un grand nombre de procès-verbaux. Nous reproduisons les usages constatés pour 8 cantons seulement.

RIBEAUVILLÉ. Les fermiers entrent à la St.-Michel (29 septembre), et sortent au même jour. Si le bail a pour objet une prairie, la jouissance dure jusqu'au 15 octobre à Guémar, Hunawihr, et Illhæuseren, et jusqu'au 11 novembre à Roderen et à Thannenkirch.

A Ribeauvillé, Bergheim et Rorschwihr, le preneur doit fumer la terre labourable une fois tous les 3 ans.

A Thannenkirch, il doit ou la fumer de même, ou l'ensemencer de trèfle la dernière année de sa jouissance.

A Ribeauvillé, le locataire d'un pré est tenu à l'entretien des rigoles d'arrosement.

Et le locataire d'une vigne doit y mettre, chaque année, 25 échalas neufs par surface de 10 ares.

MUNSTER. Le fermier sortant ne peut distraire de la ferme aucune partie des foins et engrais.

LAPOUTROYE. Même usage.

BELFORT. Le locataire d'un jardin doit remplacer les arbres fruitiers morts; l'arbre mort est au propriétaire.

DELLE. Le fermier sortant doit laisser de terres ensemencées une surface égale à celles qu'il a trouvées en entrant.

Il doit laisser les engrais et les foins ou pailles en même quantité qu'à son entrée. S'il y en a davantage, le propriétaire peut le contraindre à les faire consommer sur place; mais à charge de fournir, un logement convenable au bétail et aux personnes chargées de sa garde.

LANDSER. A Walbach, le fermier sortant doit laisser dans la ferme autant de fourrage qu'il y en a trouvé en entrant.

FERRETTE. Le fermier nouvel entrant peut faire les semailles avant la St.-George, même sur les champs encore soumis au bail précédent.

MULHOUSE. Dans les communes où l'on fait l'assolement triennal, le fermier sortant est tenu de semer les grains d'hiver. La portion ainsi encemencée s'appelle la tierce-sole.

Il doit laisser à la ferme autant de fourrage qu'il y en a trouvé.

CHAPITRE VII.
Usages concernant la vaine pâture, le parcours et la glanage.

(Loi des 28 septembre — 6 octobre 1791, tit. 11, art. 21 et suivants.)

ART. 1er. Cantons où existe encore le parcours :

MUNSTER. Les communes de Soultzbach et de Gunsbach exercent le droit de parcours sur les prairies de la commune de Wihr-au-Val.

Le parcours commence à la St.-Michel (29 sept.) et finit à la Toussaint (1er nov.).

Wihr-au-Val a le privilége des deux jours qui précèdent la St.-Michel : à partir de cette époque et pendant toute sa durée, l'exercice du parcours alterne de deux en deux jours entre les communes intéressées.

KAYSERSBERG. Les communes de Kientzheim, d'Ammerschwihr et de Kaysersberg, ont un droit de parcours réciproque sur les pâturages de leurs territoires respectifs.

Ensisheim. La commune d'Ensisheim a un droit de parcours dans la Harth, et un autre sur les prairies de Pulversheim.

Art. 2. Cantons et communes où la vaine pâture est encore en usage, et conditions auxquelles cette jouissance y est soumise :

Ribeauvillé. A Hunawihr, Guémar et Illhæuseren, la vaine pâture s'exerce depuis la rentrée des regains jusqu'au 23 avril de l'année suivante.

A Bergheim, Rorschwihr et St.-Hippolyte, elle commence à la même époque, mais cesse avec les premiers froids.

Kaysersberg. La vaine pâture commence dans le canton après la récolte des secondes herbes et finit soit à la gelée, soit à la St.-George.

Guebwiller. Dans la banlieue de cette ville, la vaine pâture s'exerce sur les prés non clos, après leur entier défruitement.

A Bergholtz, elle s'exerce en tous temps sur les champs en friche ou en jachère : à Bühl, elle ne s'exerce que sur les prairies naturelles, du 29 septembre au 1er novembre, et à Rimbachzell, du 20 septembre au 11 novembre.

Ensisheim. La vaine pâture s'exerce dans le canton ; mais les époques en sont réglées chaque année par les conseils municipaux, qui désignent aussi les territoires sur lesquels elle pourra s'exercer.

Cernay. (A. Belfort.) La vaine pâture s'y exerce aux mêmes conditions.

Delle. Elle est autorisée toute l'année sur les terres en jachère, pour le menu bétail seulement ; le gros bétail est admis à l'exercer sur les prés, mais seulement après les regains.

DANNEMARIE. La vaine pâture est interdite sur la banlieue de Dannemarie; elle s'exerce dans les autres communes, mais l'autorité municipale l'interdit en cas de pluies prolongées.

FONTAINE. La vaine pâture commence à la mi-septembre.

GIROMAGNY. La vaine pâture s'exerce dans tout le canton; mais elle est limitée par des réglements.

MASSEVAUX. La vaine pâture s'exerce de droit du 29 septembre au 29 octobre.

SAINT-AMARIN. La vaine pâture ne s'exerce plus dans le canton, à la seule exception de la commune de Felleringen.

MULHOUSE. (A. Altkirch.) La vaine pâture est usitée dans tout le canton, hormis les communes de Didenheim, de Dornach, de Galfingen et de Mulhouse.

Elle s'exerce sur les champs après qu'ils sont totalement dépouillés de leurs récoltes, et sur les prés naturels, deux jours après l'enlèvement des regains.

Sont exclus de la vaine pâture, sur les prés, les porcs, boucs, chèvres, chevreaux, moutons, les oies et autres volailles.

A la Toussaint, la vaine pâture cesse sur les prés; elle cesse sur les champs dès qu'ils sont préparés ou ensemencés.

A Pfastatt, la clôture de l'exercice annuel de la vaine pâture s'annonce à son de caisse.

LANDSER. Dans ce canton, la vaine pâture est usitée à Bartenheim, Brinckheim, Waldenheim, Niedermagstatt, Obermagstatt, Landser et Uffheim.

Les bêtes à laine peuvent seules être conduites à la pâture sur les terres labourables.

FERRETTE. La vaine pâture s'exerce dans un grand nombre de communes de ce canton.

ART. 3. Cantons et communes dans lesquels sont usités le glanage, le râtelage et grappillage, et conditions auxquelles l'exercice de ces facultés y est soumis.

§ 1er. Glanage.

COLMAR. Le glanage dans les champs est permis le lendemain de la récolte.

RIBEAUVILLÉ. Le glanage est toléré dans tout le canton, hormis à Thannenkirch. A Rorschwihr, l'usage autorise même le glanage à la pioche des pommes de terre ; ce dernier glanage est interdit partout ailleurs dans le canton.

WINTZENHEIM. Le glanage y est toléré après les récoltes.

SOULTZ. De même.

GUEBWILLER. Le glanage est interdit dans la banlieue de la ville ; il est toléré à Bergholtz, à Bühl, à Orschwihr, à Bergholtz-zell, immédiatement après les récoltes.

ENSISHEIM. Le glanage est permis, mais seulement aux enfants, aux vieillards, aux personnes impotentes ou estropiées.

Dans tous les autres cantons de l'arrondissement de Colmar, il est tombé en désuétude ou interdit.

MULHOUSE. (A. Altkirch.) Le glanage est permis à Mulhouse, Didenheim, Heimsprung, Wittenheim, Zillisheim, Brunstatt, Kingersheim, Lutterbach, Richwiller, Niedermorschwiller, Galfingen et Reiningen.

Mais dans toutes ces communes, il est réglé par l'autorité municipale.

Il est absolument interdit à Dornach et à Pfastatt.

Landser. Le glanage s'exerce immédiatement après la récolte, et sur tout le canton.

Ferrette. De même.

Habsheim. Le glanage s'exerce ; mais l'ouverture de son exercice est fixée, chaque année, par les maires de chaque commune du canton.

Cernay. (A. Belfort.) Le glanage y est toléré par l'usage ; il est soumis aux dispositions de l'art. 21 de la loi des 20 septembre – 6 octobre 1791.

Delle. Le glanage s'exerce, mais seulement 3 jours après l'enlèvement des récoltes.

Thann. Le glanage s'exerce après la récolte.

Dans tous les autres cantons des arrondissements d'Altkirch et de Belfort, le glanage est ou absolument interdit, ou tombé en désuétude.

§ 2. Grappillage.

Colmar. Le grappillage dans les vignes est permis, mais seulement après le défruitement du ratelier.

Ribeauvillé. Le grappillage est interdit à Ribeauvillé et à Roderen ; dans le reste du canton il est permis, mais seulement après que la vendange se trouve entièrement terminée dans chaque commune.

Munster. Le grappillage est permis ; mais il est défendu aux enfants de l'exercer.

Guebwiller. Le grappillage n'est toléré que dans les banlieues de Bergholtz, de Bühl et d'Orschwihr.

Mulhouse. (A. Altkirch.) Il est d'usage dans les banlieues de Didenheim, Heimsprung, Mulhouse, Wittenheim, Zillisheim et Niedermorschwiller seulement, et interdit dans tout le reste du canton.

Landser. Dans la banlieue d'Obersteinbrunn, l'usage

autorise le glanage des fruits de toute espèce, depuis le 15 octobre jusqu'au 1er novembre.

CERNAY. (A. Belfort.) Le grappillage y est toléré dans les mesures de la loi précitée de 1791.

§ 3. Râtelage.

Cet usage rural n'a été signalé sur aucun point de l'arrondissement de Colmar, hormis dans trois communes du canton de Guebwiller, savoir: à Bergholtz, à Bühl et à Orschwihr, où il s'exerce immédiatement après la récolte des prés.

Dans l'arrondissement de Belfort, le râtelage s'exerce à Cernay, mais dans les limites fixées par la loi des 28 septembre – 6 octobre 1791.

Enfin, dans l'arrondissement d'Altkirch, le râtelage n'est indiqué par les procès-verbaux comme existant, que dans les communes de Didenheim, Heimsprung, Mulhouse, Wittenheim, Zillisheim, Brunstatt, Kingersheim, Lutterbach et Richwiller, faisant partie du canton de Mulhouse ; mais dans ces communes, le râtelage ne peut s'exercer qu'après l'enlèvement de la seconde herbe.

Telles sont, en résumé, les constatations faites par les diverses commissions cantonales, pour autant du moins, nous l'avons déjà dit, qu'elles rentrent dans le cadre des questions posées par le gouvernement.

La variété qui se remarque dans les règles suivies dans les divers cantons sur les matières soumises à notre examen, prouve par elle-même combien le législateur a été sage de plier dans certains cas et dans une certaine mesure son grand principe de l'unité de la loi à la flexibilité des besoins et des habitudes des populations. Mais il ne faut pas étendre cette concession faite à des nécessités légitimes et restreintes, au-delà des limites posées par la loi elle-même ; la coutume arbitraire et presque insaisissable dans sa diversité, reprendrait bientôt la position d'où l'a fait descendre notre législation moderne, si largement empreinte de cet esprit d'unité et d'égalité, qui est l'idéal de notre époque.

Nous avons pu constater avec satisfaction combien cette législation a profondément pénétré dans les habitudes de notre département : la majeure partie des commissions cantonales établissent, en effet, que la règle que la loi pose à défaut d'usage, est presque généralement suivie, notamment pour la jouissance des eaux, la hauteur des clôtures, la durée des baux à loyer et à ferme, etc. et que l'usage n'exerce réellement son empire que dans les cas où la loi ne pose aucune règle spéciale, et dans ceux où elle appelle elle-même la coutume à lui servir de complément.

Nous avons aussi remarqué avec intérêt quelques usages étrangers aux matières réservées par la loi, mais qui indiquent de la part des populations qui s'y soumettent, le désir louable de tempérer par une sage régularité ce que le droit indivi-duel peut avoir de trop arbitraire dans son exercice ; ainsi, sur différents points du département, les commissions can-tonales ont signalé des associations qui se sont formées entre propriétaires pour la distribution des eaux et pour la destruc-tion des animaux nuisibles aux champs ; nous n'avons pas dû néanmoins consigner dans ce résumé les détails que nous avons pu puiser à ce sujet dans les procès-verbaux, parce que ces usages, quelque prudents qu'ils soient, ne pourront jamais prétendre à une sanction positivement légale.

Enfin, nous avons fait abstraction, dans notre résumé, des prétendus usages qu'ont signalés quelques commissions can-tonales, concernant le louage des domestiques et des ouvriers. Ce genre de contrat touche trop intimement à la liberté indi-viduelle, pour que le législateur ait pu l'abandonner au hasard et à l'incertitude des habitudes locales ; aussi, les deux articles que le Code Napoléon consacre à ce contrat, et les lois spéciales qui régissent les engagements d'ouvriers dans les manufactures, ne contiennent-ils aucun appel aux usages locaux. D'ailleurs, en examinant les prétendus usages relevés par quelques procès-verbaux, comme propres à ce genre de louage, on découvre qu'ils ne sont relatifs qu'aux époques d'entrée et de sortie (lesquelles correspondent parfaitement avec celles usitées pour toute espèce de louage), ainsi qu'à l'habitude de donner des arrhes lors de l'engagement des domestiques. Mais, même réduites à ces proportions, il paraîtrait dangereux d'accepter ces coutumes comme des usages légaux ; elles peuvent constituer des règles bonnes à suivre dans certains cas ; mais elles ne peuvent être posées comme des principes qui domineraient l'action du magistrat, laquelle doit demeurer entière dans l'appréciation de ces rapports qui touchent si intimement à la liberté et à la dignité de l'homme.

Nous croyons donc nous être strictement conformés à notre mission, en nous bornant à consigner succinctement les usages que la loi a déclaré maintenir par des dispositions spéciales : en donnant la fixité d'une rédaction positive à cette espèce de législation collatérale et purement consuétudinaire, le gouvernement aura complété la grande œuvre de la codification. Il ne restera plus qu'à donner le complément de la publicité, condition d'existence de toute loi, à ces coutumes qui, pour n'être que secondaires, n'en exercent pas moins une certaine influence sur des intérêts dignes de sa sollicitude.

Colmar, le 8 décembre 1855.

Le Secrétaire,
Ig. CHAUFFOUR.

Le Président de la Commission,
L. PILLOT.

www.ingramcontent.com/pod-product-compliance
Lightning Source LLC
LaVergne TN
LVHW010435060726
842526LV00005B/1808